LA VIDA SECRETA DE LOS DIENTES

MARIONA TOLOSA SISTERÉ

Zahorí
BOOKS

ABRE BIEN LA BOCA. ASÍ...

¡HOLA!, SOY UN DIENTE

Nos gusta mucho que nos cuides, nos laves bien y nos lleves al dentista para que vea qué bien lucimos.

Mis hermanos y yo somos muy delicados y traviesos. A veces os damos un poco la lata...

¿QUÉ HARÍAMOS SIN LOS DIENTES?

Los dientes son necesarios para hablar y para comer. Y, además,
¡nos gusta enseñarlos cuando sonreímos! Una boca sana contribuye
a mantener la salud de todo nuestro cuerpo.

¡HOLA!
¿Sabes de
qué están
formados los
dientes?

El **ESMALTE** es la parte más dura de todo el cuerpo. ¡Incluso más dura que los huesos! Es el guardaespaldas de los dientes. ¡Actúa como una barrera para que sea imposible penetrar dentro de ellos!

La **DENTINA** es dura como un hueso y es la parte más grande del diente. Se encarga de proteger la pulpa, la parte más delicada del diente.

La **CORONA** es la parte del diente que sobresale de la encía.

La **RAÍZ** es la parte que queda enterrada bajo la encía.

El **CEMENTO** también es durísimo. Se parece mucho al que usamos para construir casas y hace la misma función: pegar el diente al maxilar (el **MAXILAR SUPERIOR** y el maxilar inferior o **MANDÍBULA** son las dos piezas óseas que forman nuestra boca).

La **PULPA** es blanda y es donde viven los vasos sanguíneos, los nervios y el tejido conectivo que nutren el diente.

LOS DIENTES DE LECHE

Los primeros dientes o dientes de leche se forman cuando estás dentro de la tripa de tu mamá, pero no salen hasta que naces. ¡Antes de los 3 años ya te han salido todos!

DENTRO DE LA TRIPA

DESPUÉS DE NACER

BEBÉ A PARTIR DE 6 MESES

Los dientes empujan las encías para poder salir.

BEBÉ DE 7-8 MESES

Los primeros dientes, los **INCISIVOS**,✳ salen abajo.

6-8 SEMANAS DE GESTACIÓN

Se crean los brotes de dientes, formados por células, y se van desarrollando en forma de cruasán.

A veces, este proceso puede causar molestias. Para aliviarlas, va bien hacer un masaje suave sobre la encía, con el dedo o un trapo húmedo frío, o también chupar algo.

3 O 4 MESES DE GESTACIÓN

Se forma el tejido duro: primero, la corona, y después, la raíz.

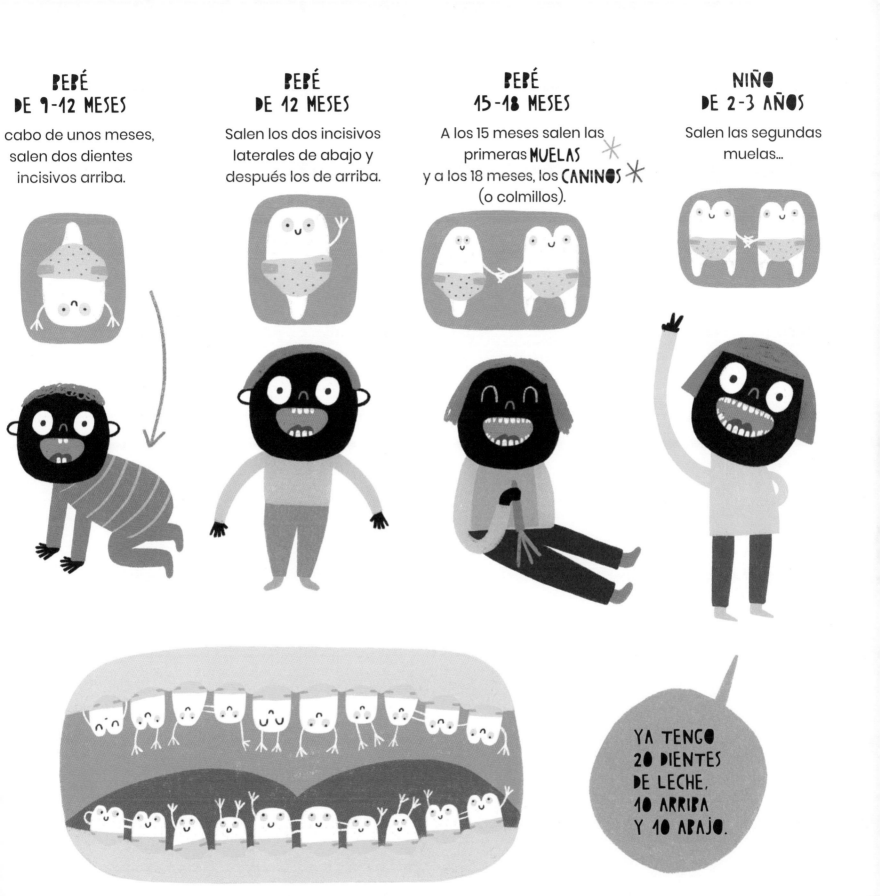

BEBÉ DE 9-12 MESES

cabo de unos meses, salen dos dientes incisivos arriba.

BEBÉ DE 12 MESES

Salen los dos incisivos laterales de abajo y después los de arriba.

BEBÉ 15-18 MESES

A los 15 meses salen las primeras **MUELAS** y a los 18 meses, los **CANINOS** (o colmillos).

NIÑO DE 2-3 AÑOS

Salen las segundas muelas...

YA TENGO 20 DIENTES DE LECHE, 10 ARRIBA Y 10 ABAJO.

✳ Usamos los **INCISIVOS** y los **CANINOS** para morder y desgarrar los alimentos.

✳ Las **MUELAS** sirven para triturar.

ESTO PARECE UNA MONTAÑA RUSA

Los dientes de leche empiezan a caerse entre los 5 y 6 años, aproximadamente.

LA VIDA SECRETA DE LAS PUPAS

Recuerda guardarlos debajo de la almohada para que el ratoncito Pérez te traiga un regalito o un dinerito.

Entre los 5-6 y los 12-13 años conviven los dientes de leche que todavía no se han caído con los permanentes que ya han salido. ¡Tu boca parece una montaña rusa! El paso de los dientes de leche a los permanentes se llama **RECAMBIO DENTAL.** Este cambio se debe al crecimiento de la cavidad bucal, porque cuando nacemos la boca no es lo suficientemente grande para albergar los dientes definitivos.

1. Los dientes permanentes van creciendo lentamente bajo los de leche y bajo las encías, en los maxilares.

2. El primer diente permanente que aparece es una muela tras las muelas de leche. Sale mientras todavía están todas las de leche.

3. Entre los dientes de leche siempre debería haber algo de separación para que puedan caber bien los permanentes, que son más grandes.

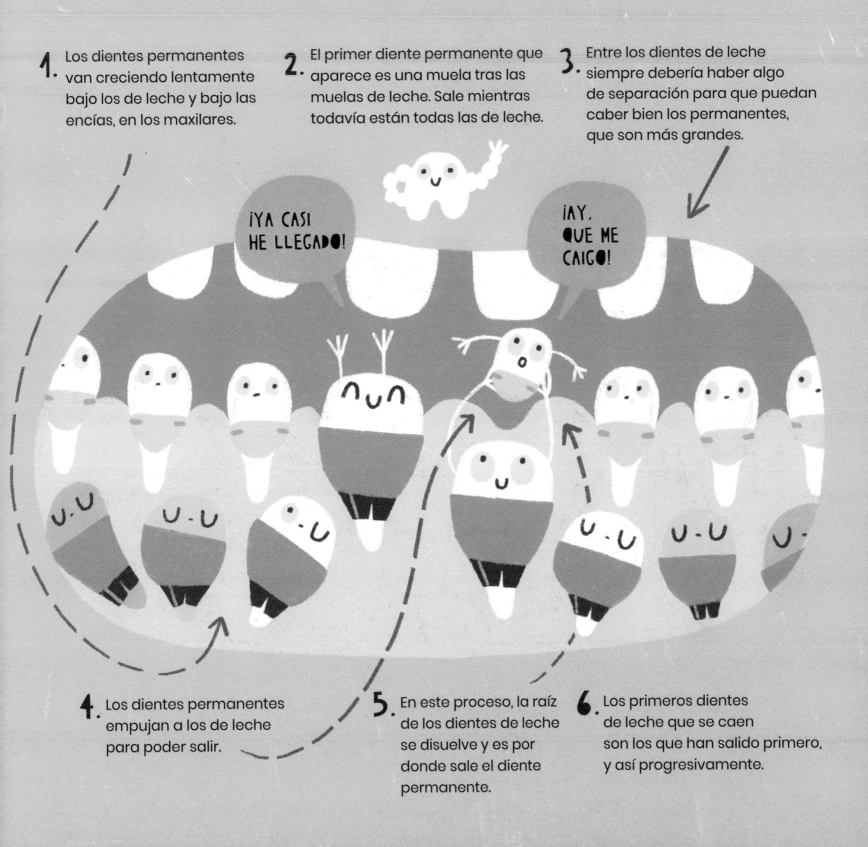

4. Los dientes permanentes empujan a los de leche para poder salir.

5. En este proceso, la raíz de los dientes de leche se disuelve y es por donde sale el diente permanente.

6. Los primeros dientes de leche que se caen son los que han salido primero, y así progresivamente.

¡SOMOS UN EQUIPO!

Entre los 5 y los 12 años salen todos los dientes permanentes, menos las 4 muelas del juicio, que lo hacen entre los 17 y los 21.

Como los dientes permanentes son muchos, 32 en total, han decidido montar un equipo de fútbol. Estos son sus jugadores:

Colocación de los jugadores en la boca, perdón, ¡en el campo!

DIENTES ANTERIORES
(los de delante)

Los **INCISIVOS** son los primeros en salir y están delante. Pueden morder y desgarrar.

Los **CANINOS** o colmillos son poquitos, pero fuertes y poderosos. También son expertos en morder y desgarrar.

DIENTES POSTERIORES
(los de atrás)

24 25 34 35 44 45 14 15

Los **PREMOLARES** cortan y trituran.

Las **MUELAS** trituran y muelen. A veces, el primer molar permanente (el 36) es el primero en salir. Cuando lo hace, todavía están los dientes de leche.

36

26 17 46 47

27 16 37

38

18 48 28

Las **MUELAS DEL JUICIO** son muy perezosas; son las últimas en asomarse y, a veces, ni eso, porque no se han formado o porque no tienen espacio para poder salir.

¡LÁVATELOS BIEN!

Es necesario cepillarse bien los dientes con pasta dentífrica para mantenerlos limpios, no pillar enfermedades, luchar contra la placa bacteriana y para que reluzcan y no nos huela mal la boca.

Desde que salen los primeros dientes, ya se pueden empezar a cepillar con un poco de pasta dentífrica con flúor (el equivalente a una grano de arroz).

1. Los dientes deben lavarse por lo menos durante 2 minutos dos veces al día, una de ellas antes de acostarnos.

2. Cepíllalos haciendo pequeños círculos. No te olvides de la lengua, donde se esconden muchas bacterias.

3. Cuando termines, ¡no te enjuagues con agua ni te tragues la pasta de dientes! Escupe todo lo que puedas y ya está.

4. De los 3 a los 6 años, utiliza pasta equivalente a la medida de un guisante.

¡A partir de los 7 años ya te puedes lavar los dientes tú solo!

Cuando dos dientes se tocan, ya se puede empezar a pasar entre ellos el hilo dental.

Y EN TU PAÍS, ¿CÓMO OS LAVÁIS LOS DIENTES?

En muchas partes del mundo, no todas las personas tienen cepillo de dientes ni dentífrico, y los dientes se lavan como se hacía antiguamente, con ramitas de árboles o arbustos. Se les llama palitos limpiadientes.

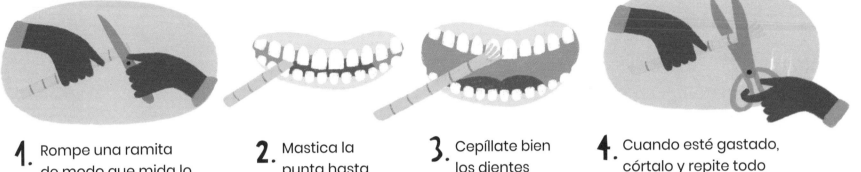

1. Rompe una ramita de modo que mida lo mismo que tu mano. Afina un poco la punta.

2. Mastica la punta hasta deshilacharla.

3. Cepíllate bien los dientes con el extremo deshilachado.

4. Cuando esté gastado, córtalo y repite todo el proceso.

Dependiendo de la región, los palitos se llaman de distintas maneras y provienen de árboles diferentes.

ÁFRICA Y PAÍSES ÁRABES
Los palitos limpiadientes se llaman *miswak*. Los de África provienen del árbol *Salvadora persica* (también lo llaman «árbol cepillo de dientes»).

En la **INDIA** utilizan ramitas de mango o de cocotero. Las llaman *datun*.

Los **BRAHMANES** se limpian los dientes con madera de cerezo durante 1 hora viendo la salida del sol.

¡UY, ME DUELE LA BOCA!

CARIES

Es una de las enfermedades más comunes del mundo. Mayores y pequeños tienen caries, ¡un proceso que puede terminar con la pérdida del diente infectado! Por eso son tan importantes la higiene y el cuidado de los dientes y comer alimentos sanos.

Los alimentos con azúcar son muy malos para los dientes.

Dentro de la boca la guerra es constante. Mientras las bacterias y los ácidos luchan para crear caries, la saliva y el flúor se encargan de impedirlo.

BACTER

FLÚOR

SALIVA

ÁCIDO

GINGIVITIS

Mira cómo tienes las encías en el espejo. Si están rosadas o blancas, buena señal. Pero si las ves rojas e inflamadas alrededor de los dientes, significa que están infectadas. Esta inflamación seguramente se debe al exceso de placa bacteriana, que también provoca caries. Asegúrate de cepillarte bien los dientes y las encías dos veces al día.

¿CÓMO SE CREA LA CARIES?

1. El azúcar entra en la boca y se adhiere a la placa bacteriana.

2. Las bacterias fermentan el azúcar y lo transforman en ácido.

3. El ácido poco a poco va disolviendo el diente y lo va agujereando.

¡Lávate bien los dientes cada día, toma pocos alimentos con azúcares, ve al dentista una vez al año y mantendrás tu boca y dientes sanos!

4. Primero, el esmalte.

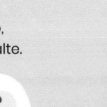

5. Luego, la dentina.

6. Y después, la pulpa. ¡El diente puede llegar a tener que quitarse!

MALOCLUSIÓN

Cuando los dientes no están bien alineados –o los dientes y los maxilares de arriba y de abajo no encajan– hay que poner brákets en los dientes.

Pero no te preocupes, los brákets son temporales e incluso, en algunos casos, de quita y pon.

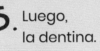

¡TÍRALO AL SOL!

Cuando se nos cae un diente de leche, sabemos perfectamente qué debemos hacer: correr a guardarlo debajo de la almohada, para que el ratoncito Pérez se lo lleve mientras dormimos y ¡nos deje un regalito!
Pero, ¿qué hacen los niños y niñas en otros países del mundo?

En los países anglosajones, en vez del ratoncito Pérez, viene **TOOTH FAIRY** (el hada de los dientes).

En Francia, también es un ratoncito, **LA PETITE SOURIS**, protagonista de un cuento del siglo XVII.

En Italia, conviven **FATINA** y **TOPOLINO**.

En algunas zonas del País Vasco, la encargada es **MARITXU TEILATUKO** (mariquita de los tejados).

En Argentina, los niños dejan un **VASO DE AGUA** junto a la cama. Cuando el ratoncito Pérez viene por la noche, se bebe el agua y deja un regalito o unas monedas dentro del vaso vacío.

En Afganistán, los niños ponen el diente dentro de la **MADRIGUERA DE UNA RATA** y dicen: «Llévate el diente viejo y sucio y tráeme uno nuevo muy limpio».

En el Pakistán, los niños envuelven el diente en **ALGODÓN** y durante la puesta de sol lo tiran al río para que les dé buena suerte.

En Omán y otros países árabes, los niños tiran los dientes **AL SOL**, tan lejos como pueden y dicen: «Oh Sol poderoso, toma este diente y juega con él, pero no te olvides de devolvérmelo».

En el Camerún, **TIRAN EL DIENTE** por encima de su casa y después dan la vuelta a la casa a la pata coja.

Los indígenas del Canadá (Yellowknives Dene) ponen el diente dentro de un **ÁRBOL** y toda la familia baila a su alrededor para que el nuevo diente crezca tan recto como el árbol.

En el Japón, si el diente es superior, lo lanzan al **TEJADO** de su casa, y si es inferior, lo entierran en el **SUELO**.

DIENTES BESTIALES

Los **ELEFANTES** pueden llegar a tener 150 dientes a lo largo de su vida (tienen seis rotaciones de unos 25 dientes). Los enormes colmillos les sirven para defenderse de los depredadores, para romper la corteza y las ramas de los árboles y para defender el territorio y la comida de otros elefantes machos.

Los **CONEJOS** tienen abajo dos incisivos grandes y largos. Les sirven para cortar hierba muy menuda antes de zampársela y para morder plantas. Sin ellos, los conejos que viven en el campo no podrían comer.

El **PEZ SIERRA** es el único animal que tiene dientes fuera de la boca, más de 20, separados, en cada lado. En general, las hembras tienen menos dientes que los machos.

El **NARVAL** macho (lo llaman el unicornio marino) ¡tiene un colmillo larguísimo en forma de espiral que puede llegar a medir 2 metros y pesar 10 kg! Este colmillo le sale a través del labio superior y su punta se puede doblar.

Los **BABUINOS** tienen unos colmillos largos y puntiagudos, muy útiles para atrapar y matar a los animales de los que se alimentan (roedores, pájaros, ovejas e incluso ¡antílopes!).

¿Las **AVES** no tienen dientes? ¡Mentira! Tienen uno, llamado diente de huevo, en la punta del pico. Les sirve para romper el cascarón y poder salir del huevo, y se les cae poco después de la eclosión.

Los **PERROS** tienen dos juegos de dientes: 28 provisionales y 42 definitivos. Los pobres, sufren mucho cuando les empiezan a salir: se hinchan, pierden el apetito...

Los colmillos de las **MORSAS** pueden medir más de 1 metro de largo. Los utilizan para agujerear las placas de hielo del océano helado y salir del agua. ¡Parece que caminen sobre sus colmillos!

Los **ROEDORES**, como el **HÁMSTER** o la **ARDILLA**, ¡tienen unos incisivos curvados que les van creciendo durante toda su vida! Roen muebles, maderas, papeles, lo que se encuentren, para mantener sus dientes cortos y afilados.

La mayoría de las **SERPIENTES** tienen dientes, ¡pero solo las venenosas tienen colmillos! Son largos y puntiagudos y conectan con una bolsa con veneno que tienen detrás de los ojos. Cuando una serpiente muerde, el veneno sale y mata o paraliza a la víctima. Si pierde o se le rompe un colmillo, le sale otro.

¿SABÍAS QUE...

para que los astronautas pudiesen lavarse los dientes en el espacio, la NASA inventó un dentífrico comestible que se podían tragar después de cepillárselos?

los dientes son únicos, como las huellas dactilares?
No hay dos personas con las dentaduras iguales.

el escriba egipcio Hesy-Ra (2600 a. de C.) fue el primer dentista conocido de la historia? Tenía el título de *Wer-ibehsenjw*, que significa 'El gran cortador de marfil'.

los científicos pueden averiguar muchos hábitos de una persona examinando sus dientes? La edad, qué suele comer o beber, si ha padecido estrés o enfermedades... Los dientes recogen nuestra historia personal.

los guerreros vikingos lucían collares con los dientes de leche de sus hijos porque creían que les daban buena surte en las batallas?

una persona, durante su vida, puede producir saliva como para llenar dos piscinas enteras? La saliva te ayuda a proteger los dientes de las bacterias.

¿VERDADERO O FALSO?

1. Las serpientes
no tienen dientes.

2. Las personas
tenemos 24 dientes.

3. Los astronautas,
cuando se lavan
los dientes en el
espacio, se tragan
el dentífrico.

4. Los colmillos
de los elefantes
prácticamente
no se ven.

5. Con lavarse los
dientes una vez al
día es suficiente.

6. Los dientes de leche empiezan a salir a los 3 años.

7. Hay que cepillarse bien la lengua.

8. Los incisivos sirven para moler los alimentos.

9. Los guerreros vikingos se comían los dientes de leche de sus hijos.

10. Las muelas del juicio unas veces salen y otras, no.

RESPUESTAS

1. Las serpientes sí tienen dientes, y las que son venenosas además tienen colmillos para sacar el veneno.

2. Las personas tenemos dos juegos de dientes. Los dientes de leche (20 piezas) y los dientes permanentes (32 piezas).

3. Efectivamente, la NASA inventó una pasta de dientes especial para los astronautas, que podían tragarse después de lavárselos, para evitar que el dentífrico se quedara flotando en el aire.

4. ¡Los colmillos de los elefantes son enormes! Y muy útiles para comer y defenderse de otros animales.

5. Debemos lavarnos los dientes dos veces al día (con una no basta) y una de las veces debe ser antes de acostarnos.

6. A los 3 años ya deberíamos tener todos los dientes de leche.

7. Es importante cepillarse bien la lengua porque allí se esconden muchas bacterias.

8. Los incisivos se usan parar morder y desgarrar los alimentos.

9. No, los vikingos hacían collares con los dientes de leche de sus hijos. Creían que esto les daba buena suerte en las batallas.

10. No a todo el mundo le salen las muelas del juicio, sea porque no están, sea porque no tienen espacio para salir.

Título original: *La vida secreta de les dents*
Primera edición: mayo de 2022

© 2022, de los textos: Marta Lorés Maragall
© 2022, de las ilustraciones: Mariona Tolosa Sisteré
© 2022, de la edición: Zahorí Books
        Sicília, 358 1-A · 08025 Barcelona
        www.zahoribooks.com

Revisión científica a cargo de Núria Vallcorba y Anna Xalabardé.

Diseño: Mariona Tolosa Sisteré
Maquetación: Joana Casals
Corrección: Miguel Vándor

ISBN: 978-84-18830-37-2
DL: B 7849-2022
Impreso por GPS Group (Eslovenia)

Este producto está elaborado con materiales de bosques con certificado FSC®
y bien gestionados, y con materiales reciclados.